AF233258

NOTICE

LA VIE DE LA JEUNE SŒUR NÉGRESSE

BAKITA MACCA

Décédée au Monastère de la Visitation de Montélimar (Drôme).

———•———

*Extrait d'une lettre-circulaire du même Monastère,
en date du 8 décembre 1878.*

RIOM

IMPRIMERIE G. LEBOYER, RUE PASCAL, 3.

—

1879

J. M. J.

Le R. P. Verri, qui continue avec le plus complet dévouement l'Œuvre du Rachat des jeunes négresses, fondée par le vénérable Père Nicolas-J.-B. Olivieri, de Gênes, est heureux de répondre au désir des bienfaiteurs en publiant, cette année encore, une nouvelle et édifiante notice.

La chère enfant dont il est ici question était un des fruits que le zélé Missionnaire put recueillir dans son premier voyage en Egypte. Ce voyage ne s'acheva pas sans dangers; entrepris sous les auspices de la très-sainte Vierge, il n'obtint un succès favorable qu'avec la visible protection de Marie.

Avant de toucher au port de Marseille, une violente tempête s'éleva à l'entrée du détroit de Bonifacio, entre la Sardaigne et la Corse. On eut beaucoup de peine à surmonter la fureur des flots, en cherchant par deux fois un refuge dans la rade de Toulon, vis-à-vis du sanctuaire de N.-D. de la Garde : *Marie veillait sur ses enfants*, comme le Père Verri en rend témoignage dans sa relation du 22 mars 1851.   E. R.

Les bienfaiteurs de l'Œuvre seront satisfaits d'apprendre que N. Saint-Père Léon XIII, ayant reçu le Père Verri avec une grande bonté en audience particulière du 13 août 1878, a voulu confirmer lui-même toutes les grâces et indulgences accordées en faveur *du Rachat* par le Pape Pie IX de sainte mémoire.

Dernièrement encore, Son Eminence le Cardinal-Vicaire, protecteur de l'Œuvre, écrivait au Père Verri que Léon XIII, à qui il avait communiqué sa lettre du 9 juin, bénissait avec effusion de cœur l'Œuvre du Rachat et toutes les personnes charitables qui s'y intéressaient.

NOTICE

SUR LA VIE DE NOTRE PETITE SŒUR NÉGRESSE

BAKITA MACCA

Décédée au Monastère de Montélimar.

Dieu est bon envers toutes les créatures que sa main puissante a tirées du néant pour les mettre un jour en possession d'un bonheur éternel ; mais Il est bon surtout à l'âme simple et pure qui l'aime et qui le sert dans la droiture de son cœur.

Notre chère Sœur MARIE-BENOÎTE en est une preuve frappante ; et nous ne pouvons réfléchir aux circonstances providentielles qui l'ont amenée au milieu de nous, sans que ces paroles du Prophète royal, remplissant notre mémoire, témoignent de notre amour et de notre reconnaissance envers le divin Pasteur des âmes.

Née au sein des peuplades sauvages de l'Afrique, notre petite négresse fut volée non loin du foyer paternel qu'elle ne devait plus revoir. Cachée brusquement sous une froide pierre, le malheureux qui la ravissait ainsi à sa famille la menaçait de la mort, si elle se fût avisée de répondre aux cris de détresse de sa pauvre mère, dont les recherches restèrent infructueuses. Que de fois la chère enfant nous a raconté sa terreur ! Elle était telle, que sa langue était comme paralysée, et sa poitrine gonflée par les pleurs qu'elle n'osait répandre devant celui qu'elle regardait comme son bourreau. La nuit protégeant leur fuite, le barbare s'éloigna avec sa proie qu'il s'empressa de vendre au marché des esclaves.

Les pas incertains de notre jeune Africaine ne foulaient donc plus le sol natal : volée, vendue, revendue à diverses reprises, les sables brûlants de la Nigritie lui avaient offert un abri protecteur, et c'est dans le Darfour qu'elle croyait à tout jamais dresser sa tente. Mais, humble fleur exotique, elle était appelée à orner le parterre visitandin et à l'embaumer de son doux parfum, lorsque, par une faveur de choix, elle serait devenue l'enfant de Dieu et l'épouse de Jésus-Christ.

Notre intéressante petite créature n'avait aucune notion du vrai Dieu. Elle se souvenait que ceux de sa race adoraient le soleil, quoique tout ce qui frappe l'imagination du nègre devienne son *fétiche,* son *idole.* Néanmoins, notre Dieu, Père de toute bonté, avait jeté dans cette âme le germe d'une foi simple et confiante, qui devait s'élever et grandir sous l'influence et le souffle de la grâce. Elle aimait à redire que lorsqu'elle voyait les fils de Mahomet se prosterner devant le croissant, elle éprouvait une forte répulsion à faire comme eux : aussi le divin Glaneur des âmes, qui avait arrêté son regard sur celle de notre angélique enfant, ne permit-il pas que les divers maîtres dont elle devint tour à tour l'esclave, l'obligeassent à imiter leurs grossières erreurs.

A peine croyait-elle que le pays de Darfour serait désormais sa seconde patrie, qu'elle fut prise de nouveau et emmenée au Caire, puis à Alexandrie. Ce devait être sa dernière étape : c'est de là, en effet, que notre douce colombe, gémissant sur le sort de ses compagnes, plus encore que sur le sien propre, allait prendre son vol et entrer enfin dans l'Arche du salut.

Le vénérable M. OLIVIERI, ancien chanoine de Gênes, décédé depuis quelques années à Marseille en odeur de sainteté, fut destiné par la Providence à arracher de l'esclavage notre pauvre Bakita Macca. Déjà le saint Missionnaire avait acheté bon nombre de petites négresses presque toutes infirmes; l'argent était sur le point de lui manquer pour celle qui, plus robuste que les autres, devait être payée plus cher : il hésite, il va, il vient, puis il se décide à partir sans amener en France notre triste Bakita, qui cachait ses larmes pour n'être pas maltraitée par ses tyrans. Elle jette enfin à la dérobée un regard plein d'angoisses sur celui qu'elle appelle son Sauveur, et ce regard si suppliant et si plaintif, rencontrant celui du bon Père OLIVIERI, gagne sa cause. Il termine le marché immédiatement, et à quelques jours de là ce vénérable prêtre nous confiait l'orpheline du désert, avec une de ses compagnes d'infortune, la jeune Paula, nature délicate et maladive, qui mourut peu après avoir reçu la grâce de la régénération.

C'était le 25 novembre 1850 que nous reçûmes ces deux enfants. Notre très-honorée Mère ROLLAND, alors en charge, donna le soin de l'intéressante petite Africaine à l'une de nos Sœurs professes, dont la charité et le dévouement envers elle ne se sont jamais démentis (1).

---

(1) Montélimar, 21 janvier 1851.

Je viens remplir, mon Révérend Père, la promesse que je vous ai faite de vous donner, à la fin de ce mois, des nouvelles de nos deux petites Maures. Votre charité pour ces pauvres enfants apprendra avec intérêt que nous en sommes bien contentes; mais nous avons le regret de voir la plus jeune malade, par suite de la petite vérole, ce qui retarde le développement de son intelligence.

Que vous dire, mon Père, de notre bonne petite Bakita? C'est vraiment une enfant de bénédiction, douce, obéissante, pieuse, pleine

Notre vertueuse Mère Louise de Sales dirigeait avec consolation l'éducation religieuse de sa petite protégée. Quatre mois plus tard, le 24 mars 1851, notre jeune néophyte revêtait ses plus beaux habits : une robe bleue, indice de sa future consécration à la Reine des Vierges ; un turban de même couleur, entrelacé de soie jaune, publiait la miséricordieuse bonté du divin Pasteur, qui va parfois chercher bien loin les brebis destinées à son bercail. Mais la plus remarquable parure de cette enfant de bénédiction était sa douce modestie, son maintien dévot quand, au pied des saints autels, elle attendait que l'eau régénératrice coulât sur son front.

Monseigneur CHATROUSSE, alors notre digne et vénéré Prélat, si paternellement dévoué à notre Maison, et qui daignait honorer de sa présence presque toutes nos cérémonies religieuses, voulut bien, assisté d'un nombreux clergé, recevoir au rang des enfants de Dieu notre fille adoptive, à peine âgée de dix ans. Elle eut encore l'honneur d'avoir pour parrain et pour marraine des personnes aussi recommandables par leur piété et leur mérite que par le haut rang qu'elles tenaient dans le monde, et qui lui conservèrent jusqu'à leur mort une tendresse dont elle fut heureuse et fière.

Elle reçut au baptême les noms de Louise-Caroline-Maria ; ce dernier sera celui sous lequel maintenant nous la désignerons.

de bon sens et de sentiments délicats ; elle est active, laborieuse, s'efforçant de se rendre utile, selon la portée de son âge. Elle se fait chérir de tout le monde, en faisant admirer les richesses de la grâce et le soin admirable de la Providence, qui a été chercher si loin cette âme prédestinée pour la sanctifier.

Cette enfant, dont nous sommes toujours très-contentes, sera régénérée dans les eaux du baptême par Monseigneur notre Evêque, le 24 mars.

Devenue enfant de l'Eglise catholique, notre chère MARIA prit avec joie le blanc manteau qui nous reportait aux premiers siècles de l'ère chrétienne, où les nouveaux fidèles tenaient à honneur de porter cette marque distinctive de leur foi naissante. Une coiffure simple et modeste ombragea sa chevelure crêpée, et pendant huit jours notre candide jeune fille, tout près de notre très-honorée Mère, assistait, avec son costume de fête, au Saint Sacrifice.

Le mois de Marie comptait sa neuvième aurore; quarante-cinq jours d'actions de grâces avaient aussi préparé notre trop heureuse enfant au bonheur incomparable de la première Communion; elle comprenait ce don de Dieu; elle avait faim de la Manne eucharistique; aussi quand Jésus vint se reposer sur son cœur, ne faire qu'un avec elle, quels durent être les transports de sa reconnaissance?... Laissons-la nous redire elle-même ses sentiments, que nous retrouvons écrits de la main vénérable de cette Mère bien-aimée, qui si longtemps fut la nôtre et qui était aussi la lumière, le guide, le mentor de notre nouvelle chrétienne :

« J'ai eu le bonheur de faire ma première Communion
» le 9 du beau mois de mai, qui est le mois de Marie,
» ma bonne Mère, à laquelle je veux me dédier et
» consacrer aujourd'hui d'une manière toute particu-
» lière, la priant d'être toujours ma Mère, de m'ap-
» prendre à bien aimer son divin Fils et de me garder
» si bien, que je ne perde jamais la robe de l'innocence.

» Je me propose donc d'éviter le péché plus que la
» mort, parce qu'il déplait au bon Dieu, que je veux
» aimer par-dessus toutes choses.

» Je m'appliquerai surtout à être bien obéissante, à
» l'imitation du saint Enfant-Jésus.

» 2° A ne jamais raisonner, ni murmurer sur ce

» qu'on me dira, ni témoigner de la mauvaise humeur
» lorsqu'on me reprendra de mes fautes.

» 3° Enfin je veillerai sur ma bouche, afin qu'elle
» ne prononce aucun mensonge, et s'il m'en échappait
» sans y penser, j'avouerai au plus tôt la vérité.

» Voilà, ô bon Jésus ! mes résolutions que je confie
» à votre Cœur sacré. Bénissez-les, et faites-moi la
» grâce de les bien observer. Ainsi soit-il. »

Tels étaient les sentiments que notre chère MARIA offrait à Dieu, lorsqu'elle l'eut adoré au-dedans d'elle-même. A partir de ce moment, on put dire qu'elle croissait en fidélité à la grâce et dans les vertus que son âge comportait.

On sait que ce qui impressionne le plus les peuples convertis à la Religion catholique par nos zélés Missionnaires, c'est le touchant spectacle de Notre-Seigneur Jésus-Christ mort en croix pour notre salut : ce sont les circonstances de cette Passion douloureuse qu'Il a bien voulu endurer avant de prononcer le grand *Consummatum est*; et c'est aussi ce qui impressionnait le plus le cœur de notre intéressante enfant.

Un jour, feuilletant le livre des stations du chemin de Croix, elle s'arrête, l'air ému, à chaque gravure ; puis, prenant une épingle, elle pique à coups redoublés les hommes dont les visages féroces la saisissaient de crainte, disant qu'elle voulait tuer les méchants qui avaient crucifié le bon Dieu.

Déjà ce jeune cœur, à peine formé à la piété, s'inspirait des pensées de la foi. Elle recueillait avec empressement et respect celles qui lui étaient suggérées par notre vénérable Mère LOUISE DE SALES; elle s'efforçait d'en nourrir son âme, qui devait plus tard porter de si heureux fruits.

Et l'enfant grandissait toujours, entourée des leçons d'une prudente sagesse ; d'autre part, recevant avec docilité les premières notions de la langue française qu'elle parvint à parler assez correctement, conservant un peu de l'originalité de son langage natif, avec lequel toutefois elle exprimait ingénuement sa pensée. Le travail manuel, la lecture, l'écriture, complétèrent son instruction ; mais l'éducation du cœur n'eut pas des limites aussi restreintes, et chaque jour apparaissait en notre chère MARIA une plus grande délicatesse, jointe à une discrétion à toute épreuve : on pouvait lui confier un secret, sûre qu'il ne serait pas trahi.

Pendant près de huit ans qu'elle est restée simple fille de service, elle a secondé de tout son pouvoir nos chères Sœurs converses dans les travaux du ménage : elle les aimait et en était aimée, presque choyée, tant elle les égayait par ses réparties. Elle riait elle-même de bon cœur, lorsque, narrant l'histoire de sa première enfance, elle ne trouvait pas les termes propres ou faisait des inversions un peu forcées. Mais parlait-elle de son enlèvement, de sa séparation d'avec sa famille, un soupir soulevait sa poitrine et de grosses larmes brillaient dans ses yeux. Elle n'a jamais oublié la douleur de sa propre mère à la nouvelle de la mort tragique de l'un de ses frères, qu'une bête féroce avait dévoré ; puis, son antipathie pour ceux de ses compatriotes qui se repaissaient de la chair encore palpitante de leurs semblables, devenus leurs victimes. Et ces détails, suivis de mille autres, étaient répétés par cette naïve enfant à toutes les personnes qui désiraient connaître les mœurs de ces peuplades sauvages, la plupart nomades, qui vivent dans l'ignorance et la paresse.

Nous ne pouvons le dissimuler, cette paresse eût été le défaut dominant de notre petite négresse, si la Religion, avec sa force toute-puissante, ne l'eût échangée contre une certaine apathie qui, plus tard, ne fut plus que de la lenteur. Cette lenteur lui procura do petites humiliations, quand la presse du travail exigeait plus d'activité ; mais Dieu, en lui laissant ce qui était pour les autres un exercice de patience et pour elle un sujet de mérite, compensa ce léger défaut par une grande aptitude aux emplois qu'on lui confiait, et par un esprit d'ordre et de propreté tel, qu'il était difficile de rencontrer un grain de poussière où elle avait passé le balai, ou le moindre objet hors de sa place. Ces qualités bien précieuses, jointes au travail incessant de la grâce, nous faisaient pressentir, dans un avenir plus ou moins éloigné, que le Dieu des miséricordes couronnerait ses dons envers cette âme par le plus grand de tous, celui de l'appel à la vie religieuse.

Le temps s'était écoulé dans cette uniformité d'actes quotidiens qui deviennent si méritoires pour le Ciel, quand Dieu seul en est le principe et la fin dernière. Il fit alors entendre sa voix à l'enfant du désert. Pour elle, point de patrie à quitter, point d'adieu à un père, à une mère, à des frères, à des sœurs : sa patrie était l'asile qui l'avait recueillie dans son triste abandon ; sa famille, les Mères et les Sœurs dont elle était l'enfant privilégiée. Docile à cette voix divine dont le charme a ravi son cœur, elle fait part de son projet à sa digne Bienfaitrice et réclame de sa maternelle charité la permission d'entrer bientôt au noviciat. Notre bien-aimée Mère Louise de Sales, qui s'entendait parfaitement à mortifier, même les plus justes désirs, feignit de ne point croire à cette vocation, et renvoya la jeune fille en lui disant qu'elle ne comprenait pas qu'elle pût jamais penser à obtenir cette grâce.

Maria avait environ 17 ans. Elle sentit toute la justesse de ce refus, s'humilia de n'avoir point encore les vertus que la sainte Religion exige des âmes qu'elle reçoit dans son sein, et entra plus avant dans cette vie d'abnégation, de soumission et de silence à laquelle

elle se sentait si fortement appelée. Plusieurs mois se passèrent ainsi dans des demandes réitérées de la part de la constante enfant et dans les refus continuels de la prudente Mère qui, enfin, touchée de sa longue persévérance, se rendit à ses vœux. « Oh ! » dit-elle alors à la Sœur à qui elle était confiée, en faisant venir à tour de bras l'eau nécessaire au service de la cuisine (nous n'avions pas encore les fontaines), « il y a du goût à pomper aujourd'hui. » Et elle lui montrait le précieux billet qui contenait la formule de demande à son essai.

Elle entreprit aussitôt avec une grande bonne volonté l'œuvre de transformation qui devait la préparer aux Noces mystiques de l'Epoux céleste : nous trouvons, écrits de sa main, ces trois mots, en tête de son cahier de résolutions : « *Qui veut peut.* » Elle voulut et elle put. Elle voulut immoler sa nature, s'oublier elle-même, se renoncer, se sacrifier sous le glaive de l'obéissance, n'avoir plus de volonté que celle de ses Supérieures ; et elle put, dans la mesure de ses forces et des grâces reçues, atteindre le degré de perfection que Dieu attendait d'elle. D'une exactitude irréprochable dans l'accomplissement de ses devoirs, elle s'acquittait scrupuleusement des défis donnés aux Sœurs du noviciat pour s'exciter à la pratique plus parfaite de nos Saintes Lois ; et cela à un tel point que sa maîtresse, voulant sans doute l'éprouver, l'humiliait fort, en présence de ses compagnes, de ce qu'elle ne s'accusait jamais des omissions qu'elle y avait certainement commises. La prétendue défaillante s'inclinait avec respect et savourait religieusement cette petite abjection.

Dix-huit mois se passèrent dans une vie cachée et laborieuse : aide dans les divers emplois de son rang, elle sut, par ses manières agréables, satisfaire ses officières et mériter le bonheur d'être revêtue des saintes livrées de la Religion. Sous ce voile blanc, emblême de son innocence, le visage de notre Sœur MARIE-BENOÎTE, vrai type de la race nègre, avec ses larges et profondes incisions, frappait au premier coup-d'œil; mais son gracieux sourire, accompagné de délicats à-propos, parlait en sa faveur et nous faisait ressouvenir que la beauté de la fille de Sion est tout intérieure.

Notre fervente novice se mit avec ardeur à détruire tout ce qui pouvait s'opposer en elle au règne de Jésus. Fidèle à la direction qui lui était donnée, sa vie était un tissu d'actions accomplies sous le regard de Dieu et toutes pour sa gloire. La Communauté, satisfaite des efforts constants de notre chère Sœur MARIE-BENOÎTE, la reçut à la sainte profession. Au comble de ses désirs, elle ne s'occupa plus que du bonheur d'être tout à Dieu qui, jusque-là, avait été envers elle si prodigue de ses dons et de ses plus douces caresses. Elle avait goûté, en la compagnie de son bon Maître, les délices du Thabor; elle devait, le reste de sa vie, s'abreuver des amertumes du Calvaire.

Habituée aux chaleurs de la zone torride, la robuste santé de notre bonne Sœur avait un peu souffert de la transition de température ; mais rien néanmoins dans sa constitution n'avait été altéré, et elle remplissait l'emploi de cuisinière avec un soin si minutieux, qu'elle avait toujours quelque chose en réserve pour les malades et les infirmes. Que d'actes de charité et de bonté en leur endroit !

L'Obéissance l'ayant ensuite placée au pensionnat pour le service de nos élèves, son esprit d'ordre et de propreté l'y suivit, et les maîtresses s'apercevaient bien vite quand Sœur MARIE-BENOÎTE avait passé dans leurs classes. Nos chères élèves appréciaient aussi son mérite et ses bonnes qualités ; et c'était une de leurs joies de causer pendant leurs récréations avec la gentille Sœur négresse, de lui faire raconter les péripéties de son long voyage, ses chutes de chameau au milieu des déserts, ses souffrances de tous genres sur la Méditerranée, enfin son arrivée au couvent : sur cette dernière phase de sa vie voyagère, elle ne tarissait pas, tant était profonde sa reconnaissance envers nous. Se trouvait-elle alors en retard de son travail, chacune des enfants dont la curiosité avait été satisfaite s'armait de balais et de plumeaux et lui aidait à terminer sa tâche. C'est au milieu de ces occupations que les douleurs rhumatismales se firent peu à peu sentir, et devinrent, en progressant, le creuset dans lequel notre chère patiente dut être entièrement purifiée avant de paraître devant Dieu. A ces douleurs du corps se joignaient les privations de l'âme : plus de suavité dans la prière ; mais elle vivait de foi, d'espérance et d'amour. Elle aimait sans mesure Celui qui se cachait dans l'ombre pour mieux éprouver sa fidélité, et qui ne se faisait sentir à elle que par le glaive de la souffrance. Il permit même que les différents remèdes employés à son soulagement ne fissent qu'aggraver son mal. Il fallut la mettre au repos ; et l'infirmerie, qu'elle occupa les cinq dernières années de sa vie, fut témoin de son inaltérable patience, de son calme parfait, de sa religieuse résignation, de sa respectueuse déférence envers toutes, surtout du silence rigoureux qu'elle s'imposa parmi les légères mortifications inévitables dans les longues infirmités : notre humble Sœur présentait ainsi de riches gerbes au divin Moissonneur. Sa foi lui montrait Dieu dans ses Supérieures, et quoiqu'elle ait toujours eu envers elles la plus entière soumission et la plus filiale confiance, jamais leurs Charités ne surprirent en cette enfant de paix la moindre parole de critique ou de blâme sur la conduite du cher prochain. Elle recevait avec son sourire d'ange chaque visite que nous lui faisions, et rarement elle restait solitaire ; sa compagnie nous était si agréable et sa conversation si édifiante !

La sainte Communion fut sa vie ; elle devint sa force dans les moments de défaillance. Tant qu'elle put, à l'aide de béquilles, se rendre au chœur, on l'y trouvait de bon matin se préparant à recevoir son Dieu. Plus tard, il fallut l'y conduire dans un fauteuil à roulettes ; et, avec ce moyen de transport, notre chère infirme manqua rarement les Communions de règle.

Deux ans avant sa mort, le rhumatisme, devenu général, ne lui permit plus de se lever et même de se remuer sans d'intolérables souffrances. Elle relisait ce que jadis elle avait écrit : « L'amour-propre se nourrit » de consolations et de goûts spirituels ; le pur amour » se nourrit de sécheresses, de désolations intérieures » et de croix. Rien de moi ni pour moi ; tout de Dieu » et tout pour Dieu. » Et Dieu ne l'oubliait pas : tous les huit jours le Maître du temps et de l'éternité visitait son enfant, la soutenait par sa présence, la remplissait de son amour et lui montrait le Ciel. Mais le Ciel, n'est-ce pas lui ? Notre pieuse Sœur le savait bien ; et quand la tête, doucement inclinée, elle s'entretenait avec le Bien-Aimé de son âme, son cœur répétait : « *Il est tout à moi, et je suis tout à Lui !* » Saints colloques que notre Bienheureux Père souhaitait à toutes ses Filles, et dans lesquels notre petite martyre savourait avec délices ce que sa main avait encore tracé : « O mon Jésus ! souffrir !... souffrir pour expier !... » souffrir pour mériter !... souffrir pour vous aimer !...» Puis, s'adressant à la Très-Sainte Vierge : « O ma » Mère, ma bonne Mère, ma croix d'aujourd'hui, je la » reçois de votre main ! Je l'aime, je l'embrasse !... »

Elle priait ensuite pour sa Communauté, qu'elle aimait tant, pour les personnes que nous lui recommandions, pour la conversion des pécheurs, la délivrance du Souverain-Pontife et le triomphe de notre Mère la sainte Église.

Notre chère infirme avait demandé plusieurs fois à Dieu, par l'intercession de la Sainte Vierge et des Saints auxquels elle avait une dévotion particulière, la grâce de pouvoir encore se dévouer au service de la sainte Religion : tels n'étaient pas les desseins de notre Père céleste ; et notre bonne Sœur, déçue dans sa dernière espérance, s'abandonnait pleinement à la volonté divine. Cet abandon était sa nourriture ; il la rendait même joyeuse au plus fort de ses douleurs. Elle n'avait plus que ses deux mains de libres, qu'elle s'empressait de seconder notre Sœur lingère dans la confection des guimpes. De temps en temps, pour se distraire, elle chantait de sa plus douce voix ses plus jolis cantiques, découpait et brodait de charmants petits ouvrages qu'heureuse elle offrait à notre très-honorée Mère, à l'époque de sa fête, ou, avec permission, à ses chères compagnes du ménage, à qui elle aimait à faire ces délicates surprises.

Mais le mal de notre généreuse patiente progressait sensiblement : une toux opiniâtre, de pénibles suffocations achevèrent d'ébranler son corps endolori ; néanmoins pas une plainte n'effleura ses lèvres. Quand, tous les matins, notre bonne et compatissante Mère lui demandait comment elle avait passé la nuit, elle répondait modestement : « Ma Mère, je vous remercie, » *il y a eu un peu de toux.* » Chère victime de la Croix, elle ne révélait pas les souffrances de ces nuits sans sommeil, passées la plupart dans les agitations de la fièvre ; seulement, une larme silencieuse s'échappait de ses paupières ; l'Ange de la victoire enregistrait ce

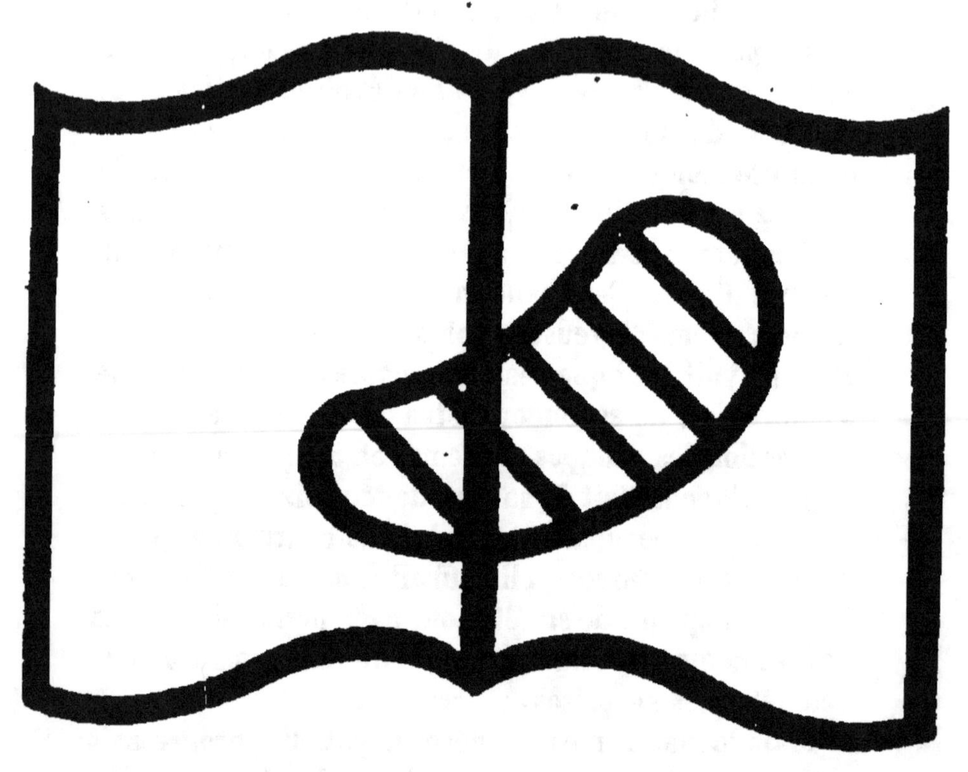

Illisibilité partielle

nouvel acte de vertu, et continuait à tresser sa couronne. Notre très-aimée petite sœur avait bien combattu le bon combat ; le juste Juge allait récompenser sa fidèle servante. Elle pressentit l'arrivée de l'Époux, et réclama la grâce des derniers sacrements, qu'elle reçut avec ferveur et consolation. Le Viatique du suprême voyage lui fut plusieurs fois réitéré ; et c'est dans cette union intime avec Dieu, qu'elle recueillait tous ses sens et qu'elle nous promettait de n'oublier personne, si elle avait le bonheur d'aller au Ciel.

Munie de l'indulgence *in articulo mortis*, notre précieuse malade exhala son dernier soupir en présence de notre très-honorée Mère et de quelques-unes de nos Sœurs, la Communauté étant à la Messe. Elle venait de dire : « Je m'en vais !... Je suis heureuse ! » Monsieur notre Confesseur nous avait laissées dans la confiance que cette âme de choix serait immédiatement introduite dans le séjour des Saints pour y chanter à jamais l'éternel hosanna. Cette paternelle assurance adoucit nos regrets, et volontiers nous répétâmes avec le Psalmiste : « O Israël ! que Dieu est bon à ceux qui ont le cœur droit ! »